찔레꽃

국립중앙도서관 출판시도서목록(CIP)

찔레꽃 : 성용섭 시집 / 지은이 : 성용섭. -- 대전 : 오늘의문학사, 2014

p. ; cm. -- (오늘의문학시인선 ; 328)

ISBN 978-89-5669-598-3 03810 : ₩8000

한국 현대시[韓國 現代詩]

811.7-KDC5

895.715-DDC21 CIP2014004978

찔레꽃

성용섭 시집

오늘의문학사

◆ 시인의 말 ◆

나의 제3시집은 21세기에 맞춰 세계 속의 문학, 언어, 종교, 철학 등을 받아들였지만 근원은 우리 시문학에 두었다. 또한 신앙인으로서 어느 종교든 배타하지 않고 문학적 가치에 중점을 두고자 했다. 어쩌면 이것이 시인만이 할 수 있는 특권인지 모른다.

'시는 언어의 예술이고, 회화는 선과 색채의 예술이며, 음악은 음률의 예술'이기 때문에 언어를 남용하거나 악의적인 언어는 절제하였다.

'시경에 나오는 시 삼백여 편은 사악함이 없다' 하였다.

시인이 시를 짓는 거나
건축가가 집을 짓는 거나
재단사가 옷을 짓는 것 모두 짜 맞춘다는 것은 비슷하다.

이런 생각으로 시를 쓰며 늘 꽃에 관심과 애정이 많았다. 세상에는 많은 꽃들이 있다. 그 꽃들 중에 우리가 이름을 불러주고 기억하며 아끼고 사랑하는 꽃들도 있는가 하면, 언제 피었

다가 지는 줄도 모르게 사라지는 꽃들도 있다. 그러나 사라진다 하여 무가치한 것은 하나도 없다. 창조주께서 필요하여 만들었다는 것을 우리가 모르고 있을 뿐이다.

나의 시가 많은 사람들로부터 격려와 사랑을 받는다면 얼마나 좋으랴만, 이것은 나의 희망사항이다. 단 한 사람만이라도 두고 두고 읽히는 시로 남는다면 더 바랄 게 있으랴. 솔직한 심정으로, 이 시집을 받는 독자께서 그 한 사람이기를 간절히 바랄 뿐이다.

끝으로 해설을 맡아주신 문학평론가 리헌석 선생님께 진심으로 감사드리며, 졸저를 출판해주신 오늘의문학사에 뜨거운 마음으로 고마운 인사를 전한다.

2014년 2월

성 용 섭

차례

PART 1 찔레꽃

PART 2 달빛정원

PART 3 두고 온 산하

PART 4 석류꽃이 필 때

PART 5 봄 구경

1부

찔레꽃

무명초

나의 생명 주신 분도 있으니
나의 이름을 지어주실 분은
언제쯤 오시려나

살며시 눈을 감고
그 분의 모습을 떠올려 봅니다
희미하게 보이는 모습에서도
가슴은 마구 뛰고 설렙니다

오시는 걸음걸음도 그리어 봅니다
바람 불면 바람결에 오시려나
잠이 들면 꿈결에 오시려나

오시어 어떻게 부르실까
모습대로 지어 몇 번이나 불러주실까
향기대로 지어 몇 번이나 불러주실까
이 생각 저 생각에
또 하루 해가 저뭅니다.

나그네

유유히 흐르는 백마강에
저녁 노을 짙게 내린다.
서산을 향해 날아가는 백로는
길을 묻지도 않는다.

취하라, 마신 술에
뱃사공의 흥겨운 노랫가락은
강기슭을 적시며
세상사 한시름을 잊게 한다.

어느 가을날

가을비 내리는 날
종로 지하도에서 우연히 마주친 사람
구절초꽃같이 살아가겠다던 그 사람
뒤를 돌아보지도 않고
천천히 인파 속으로 사라져 갔다

서울 사람들은 무슨 일을 하며
또 어떻게 살아가는지
마법의 성 같은 서울에 왔다가
구절초꽃같이 살아가겠다던 사람
장승처럼 바라보고만 있었다.

입동이 내일 모레인데

가을아, 어쩐다야
먼 산에 흰 눈 내려 쌓였으니
입동이 내일 모레인데

앞 뒷산에 타는 단풍으로
나의 가슴은 뜨거운데

가을아
내년에 온다는 것
누가 모른다더냐

은행잎 떨어지는 가로수 길
아직 걷지도 못 했는데.

여름밤

모닥불을 피우고
밀짚 방석에 누워
깊은 잠에 빠져있었나 봅니다

지붕 위에 하얀 박꽃이
어머니의 모습으로
어리어 오는 줄도 모르고,

뒷산에 소쩍새 울음소리
몹쓸 병에 앓다 간
누이의 목소리
환청처럼 들려오는 줄도 모르고

별들로 곱게 수놓은 하늘융단이
메마른 심신을
포근히 덮은 줄도 모르고.

찔레꽃

오월은
찔레꽃과 왔다
찔레꽃 향기와 가련다

누가 뭐라 하던
아무런 변명도 하지 않고
묵묵히 따라 가련다

가다 가다 보면
가난했던 이야기도 듣겠고
애틋한 사랑이야기도 듣겠지

산마루도 오르다
뻐꾸기 울음 소리도 듣겠고
마을 어귀도 지나며
여물어가는 보리 내음도 맡겠지

날이 어두우면
별빛 쏟아지는 것도 보겠고
전설과 같은 꿈도 꾸리라

오월은

찔레꽃과 왔다

찔레꽃 향기와 가련다.

겨울나기

어느 산간마을에
눈이 한길이나 쌓여
산짐승들 발길이 뚝 끊긴 즈음

내 이웃 마을엔 밤에
흰고라니 한 마리 내려와
사람들의 이야기 듣는다

호랑이보다 무섭다던 아이엠에프
또 다시 오지나 않을까
근심에 젖던 사람들
좋은 일 있을 거라니
입이 귀에 걸리겠네.

사월의 어느 바람

꽃 피는 시기를 늦춘 날씨만큼이나
초반부터 19대 총선이 심상치 않다
어느 곳엔 강풍이
어느 곳엔 미풍이
어느 곳엔 역풍으로
실시간 텔레비전, 인터넷, 스마트폰
각 신문에 상황변화가 뜨고 있다
이 바람이 대선의 전초전인가
누가 이 바람을 잠재울까?
초관심의 예측불허이다.

손수레

집 앞을 오가는 할머니의 손수레
덜덜덜 폐품이 가득 실려 가는 소리

무슨 사연 있기에
자식들과 헤어져
사글세 단칸방에 사시는
이웃집 할머니

"시간 때를 잘 알아야 한다고요."
"영역이 제한되어 있다고요."

지금은 밤 아홉 시
달달달 빈 손수레 나가는 소리.

어느 봄날

땅을 일구고 고르며 씨를 뿌리는
농부의 하루 해는 짧기만 한데
너는 세상 모르고 잠만 빠져 있구나.

꽃을 찾아 꿀을 따 나르는
저 벌들은 길도 잃지 않는데
내 마음은 봄바람에 떠돌고 있네.

머나먼 길

나 자신을 너무 닦달하는 것은 아닌가
괘종 소리가 자정을 알려야 끝내는
한 시간의 고문

하루에 일어난
마음과 생각, 눈과 입술의 잘잘못도
낱낱이 들추다 보면
긴장된 한 시간

매일매일 새로워지리라
다짐하고 다짐하지만
아직은 머나먼 길.

근황

긴 터널을 빠져나오지 못하는
세계적 경제불황에
우리나라도 예외는 아니다.
거리에 방황하는 실직자가
연일 넘쳐나는데
남의 일이 아닌
내 이웃이요
내 가족이다.

역사를 거슬러 올라가
내 아버지 때도 이런 적이 있었고
내 때에도 이보다 더 혹독한 적이 있었지
'가난 구제는 나라도 못한다'는데
너는 지금 어디서
무엇을 하고 있느냐?

오랑캐꽃

어린 나이에
하늘나라 별이 된 내 누이가
길섶에 앉아서 마냥 좋아했었지

어느 이방인이
너를 보다가 그만 날이 저물어
길을 잃었다 했지

꽃의 여신도
네 모습이 어여뻐
요렇게 풀섶에 숨겨두는 걸
날 보고 어찌하라고
지난날을 어찌하라고.

달맞이꽃

꽃보다 아름다움을 가진 이름
달빛과 무슨 사연이 있을까
아무리 생각하여도 풀리지 않던 시절

그 소녀를 기다리다 지쳐서
돌아올 때에
길가에 피어 마주하던 너

타향살이 수십 년
이제 와 어렴풋이 알 것만 같아라.

귀뚜라미

고향집 마당가에
여물어가는 옥수수밭에서
들려오던
귀뚜라미 울음소리

휘영청 달 밝은 밤
섬돌 아래서 들려오던
귀뚜라미 울음소리

깊어가는 가을밤
고층 아파트에 갇혀있는
내 귀 안에서 소리나는
귀뚜라미 울음소리.

* 시인의 귀질환인 이명. 메니에르

길 위에서

내가 걷고 있는 이 길은
좁고 울퉁불퉁한 시골길

수많은 길과 이어줄
또, 하나의 새로운 길

사람은 길을 만들고
길은 사람을 안내한다.

그때 인사동 찻집에서

우리 가족들이
차림표를 보고 각자 주문하려다
연장자인 큰형수님의 권유로
감잎차로 통일하고 말았지

주먹만한 주전자에
간장 종지만한 찻잔을 놓으며
우러나면 천천히 음미하며 드시라는
상냥스런 말을 남기고
마담은 다른 손님을 맞으러 갔지

나는 김이 모락모락 오르는 찻잔을 들고
구절초 향기인가 하자
곁에 있던 동생이 홀짝홀짝 마시며
"쑥개떡 김오르는 냄새이네" 하자
또 한 쪽에서 "설렁탕 한 그릇 값이네"

분위기가 딴데로 흘러가다
입이 퉁퉁 부어 나오는데
마담 종종걸음으로 따라 나오며
"차 맛이 어땠어요?"

그때 서울역

'서울에 가 눈 감으면 코 베어 간다'
풍문이 나돌 때
서울역 정문 시계탑 아래 서서
밀려오고 밀려가는 인파를 보았습니다

광장 여기저기 사색에 깊이 잠긴
고대 그리스 철학자 같은 이들
주먹을 불끈 쥐고 허공을 향해 외쳐대는 이
남루한 차림의 젊은이도 보았습니다

한낮인데도 걸음을 가누지 못하는 주정꾼
인파 속을 헤치며 껌파는 소년, 소녀
부끄럼 없이 부둥켜 안고 입맞춤하는 젊은 남녀
광장을 한 바퀴 빙 돌아 시계탑 주위에
사뿐히 내리는 비둘기 떼도 보았습니다

꼼짝말고 있으라고 신신당부한
그 사람 말도 깜빡 잊은 채.

2부
달빛정원

달빛정원

한밤중 병인 양 정원을 거니는 것은
화사한 봄꽃들의 아름다움 때문만이 아니다
그윽한 풍경소리 때문만도 아니다

옹기종기 모여 꿈꾸는 조약돌 때문만도 아니다
이름 모를 밤새의 우짖음 때문만도 아니다
내가 병인 양 정원을 거니는 것은.

달빛정원

— 영춘화

2월의 눈발 속에서도
봄을 알려야 한다는 꽃의 전령사

담장 너머로 흐드러지게 피어
오고 가는 사람들 사랑 받으며
이십 년은 족히 지내왔을 텐데
너를 옮겨 놓은 이는 누구일까

이사 오던 날
심신이 지친 나를 맨 처음 반겨준
네 이름을 까맣게 모르다,
꽃잎이 모두 떨어져 자취도 없는 어느 날
네 이름을 부른다.

달빛정원

— 꽃잎을 띄워

푸른 잔디밭에서 잡초를 뽑는데
지나던 나그네가 들어와
찻잔에 모란꽃잎을 띄워 대접하니
한 움큼의 정을 놓고 가시네

얼마 전
지인이 뜻밖에 쫓아와
찻잔에 홍매꽃잎을 띄워 대접했더니
시 한 구절을 놓고 가셨지

이제 다시 필 꽃 생각에
지난해 정성스레 말려둔 꽃잎들이
토라지지나 않을까 모르겠네.

달빛정원

— 겨울

아주 먼 태고 적이 이랬을까

바람 한 점 없는
눈 덮힌 정원
달빛과 눈빛

아주 먼 동화속 나라라면 어떨까

숨죽이고 지켜보는
별빛과 나의 눈빛
고요, 또 고요.

밤비

길 건너 저 편, 성당에
사제의 방도 불이 꺼졌다

깊은 어둠 속에
모두가 잠겨버렸다

어둠을 뚫고
나뭇잎 위에, 섬돌 위에
떨어지는 빗방울 소리

내 마음에도 다정스레
떨어지는 빗방울 소리.

무법자

작은 멧새 한 마리
주인 허락도 없이
조석마다 담장 안으로 들어온다.

정원의 꽃들은 긴장하듯 조용하다.
노란 꽃잎이 지고 알알이 여물어가는
고개 숙인 해바라기에 접근한다.

나의 눈빛에 고개를 갸웃둥
나의 숨결에 위협적인 날갯짓

끝내 포식을 했는지
부리에 묻은 흔적을 지우곤
어디론가 떠난 자리에
몰골이 되어버린 해바라기.

앵두주

애주가 아니더라도
빛깔에 반하고 말 걸
강인한 사나이라도
그 맛에 부드러워질 걸

해마다 담그는 앵두주

지난 겨울 혹독한 추위 탓일까
해거리 하는 것일까
맺은 열매,
절반도 되지 않는다

사람들이 오가며 따 먹고
새가 날아와 쪼아 먹고
벌레가 파 먹어
앵두주,
담금도 해거리를 해야하나.

거울 앞에서

널 보면서
나를 보고
하루에도 수십 번
어떤 인연이 이럴까

오만상을 지어도
갖은 주책을 부려도
말없이 받아주고 씻어주는
어떤 친구라야 이럴까

나의 과거
나의 미래
고이고이 숨겨줄
너의 앞에서.

미인

담장에 핀 수천 송이 넝쿨장미
나를 밤낮으로 유혹하지만
나는 감당치 못하지

정말로 못하지
한 송이만으로도 벅차오르는 것을
저들은 알지 못하지.

오월의 주일 한낮

사람들은 산으로 들로
또 교회로 갔나
이웃마저 한적하다

고독이 살며시 다가와
내게 속삭이는 걸
연초록 잎사귀 사이를 지나는
솔바람이 알아챘을까
매화나무 가지 끝에 앉은
저 멧새가 알아챘을까
내가 고독을 살포시 안고
속삭이는 것을.

폭설

매서운 추위에 겹쳐
펑펑 쏟아지는 눈발
벌써 먼 길은 덮히고
하늘 길은 막혀버렸네

무게를 견디지 못하는
청솔가지에 눈사태 일어
날짐승들
놀란 작은 가슴 쓸어내리겠지

개 짖는 소리는 잦아들고
내 집 앞 눈은 치워도 끝이 없다.

첫눈

밤 사이 내린 눈이
장독 위에 소복소복 쌓였네요
아주 가난했던 시절
가마솥에 금방 쪄낸 호빵 같아요
이 위에
그리운 사람의 이름처럼
첫눈이 왔네요.
문구를 새겨넣은 예쁜 엽서를 만들어
소식을 전할 수만 있다면
첫눈 온 날에.

착각

백화점 선물 코너에서
어느 것이 좋을까
망설이다 발걸음을 돌리지나 않았을까

컴퓨터 앞에 앉아 인터넷 검색에
나를 찾기에 맨 먼저 키보드를 두드리겠지

핸드폰에서 울림이 있을 때마다
설렘으로 받다 낙심하지나 않았을까

이렇게 눈 내리는 밤
창가에 앉아 한 잔의 찻잔을 놓고
내 생각에 젖어 있겠지.

비 온 끝의 스케치

연둣빛으로 갈아입은 앞산이
성큼 다가온다.
나는 한 발 물러서 구상에 두고
하늘 높이 매가 날자
어미닭 날개 품에 숨어드는
노란 병아리들을 담아본다.

실버들 늘어진
가지 결의 싱그러움을
조선 여인의 자태를 구상에 두고
대지의 풋풋한 냄새와
하늘의 산뜻한
멋스러움의 조화를 담아본다.

정원사와 화가

척박한 자갈밭을 맨손으로 일궈
저 품격 높은 나무들로 가꾸고
'희망의 정원'이라 이름 지은
백발 성성한 노인이 아들의 휠체어를 민다.

향나무 밑을 지날 때
향나무 냄새가 풍기고
등 굽은 소나무 곁에 서 있으니
등 굽은 소나무 모습이다.

1급 장애인 아들은
나무들을 화폭에 담고
담긴 나무에는
정원사의 사랑과 혼이 어리어 있다.

멘티와 멘토

새들을 사 와서 기르시나요?
천만에요, 나무를 심고 가꾸어 보세요

벌, 나비를 손짓하여 불러오나요?
천만에요, 꽃나무를 심고 가꾸어 보세요

휘파람새 노랫소리는 어디서 듣나요?
뒷문 밖에 덤불숲을 만들어 보세요

담장을 높이 쌓으면 집안이 조용할까요?
세상은 한 시도 그냥 있지 않을걸요
호기심쟁이 담쟁이처럼.

3부

두고 온 산하

두고 온 산하

그는 성직자처럼 온화한 목소리로
살아서는 못 가고
꿈 속에서나 가 본 고향
이제야 가게 되었다고
마지막 말을 남기고 떠나갔습니다

고향산천이 무엇이기에
모두들 두려워하는 죽음도 두렵지 않을까

그리움이 깊어지면 슬픔이 되고
슬픔이 깊어지면 병이 되거늘
이 병은 천하에 약도 없다더니
그는 끝내 한 줄기 바람 되어
저 먼 길로 내 곁을 떠났습니다.

자유의 물결

자유를 찾아 떠나고 있다
정든 고향과 친척, 가족을 두고
죽음을 마다하지 않고 떠나고 있다

누가 가르쳐주지 않았을 것이고
누가 오라 하지도 않았을 텐데
그 행렬은 그칠 줄 모른다

태초부터 누리던 자유로움을
누가 짓밟고 빼앗는다면
죄악 중에 최악의 범죄이다

우리를 자유케 하시는 이여
간절히 기도하오니
저들을 보호하시고 인도해 주시옵소서.

구슬고갯길

비가 오나 눈이 오나
초등학교 다니던 십리 길에 넘던 고개

고갯마루 서낭단은
두렵고 무서워서
돌 하나 던져놓고
지치고 피곤하면
또 돌 하나 던져놓던 길

고갯마루 주막에서
들려지던 노랫가락은
지금은 어느 하늘 아래 맴돌고 있는지….

전설로 전해 오는
총각과 여우에 얽힌 이야기를
어른이 된 나는
이 밤도 아이들에게 들려주며
그 고갯길을 넘고 있는 것일까.

추억

지루한 장맛비가 그치고
팔월의 눈부신 태양이 내리쬐면
그 바닷가로 떠나리라

야자수 그늘 아래 달콤한 속삭임이 있고
둘이서 다정히 걷던 모래 위 발자국이 있는 곳으로,

세월은 흘러가도 추억은 남는 것

흰 돛단배가 미풍을 그리워하고
밤 하늘에 별빛이 유난히 밝던 곳으로
나는 추억을 찾아 떠나리라.

한여름 밤

서재에 호롱불마저 끄니
칠흑 같이 어두운 밤

마음에 작은 등불 하나 켜고
사색의 숲속 길을
홀로 걷는다.

줄기차게 내리는 빗소리
희미하게 들려오는 슬픈 기적소리.

떠나는 연습

세월 따라 바람 따라 밀려온 지
이곳도 한 십 년
이제 떠나야 할까보다

산골 마을에서
바다가 보이는 마을을 거쳐
빌딩숲 도시에서 그 동안 머물렀으니
어디로 떠나야 하나
꿈 속에서도 길을 헤매려니,

나를 두고 떠나간 사람처럼
내가 그토록 그리웠던 사람처럼
그렇게,
그렇게 살 수는 없을까.

말의 씨앗

척박한 땅에서 잘 맺은 포도는
당도가 높다 하니,
그게 자기와 무슨 관련이 있느냐 한다면
난 할 말이 없지요

역사를 교훈으로 삼지 않고는
그 역사는 되풀이될 수밖에 없다
그게 나와 무슨 관련이 있느냐 한다면
그대 또한 할 말이 없겠지요

말에도 뼈가 있고
싹이 나는데요.

위선자

예전에도 있었고
현재에도 있으며
미래에도 있으리라
세상이 다하는 그날까지

속 마음은 늑대이나
겉은 양의 탈을 쓰고
넓은 광장에서 외치기를 좋아하며
좁은 골목에서 속삭이기도 좋아하느니
위선이 위선을 낳으려
자기 양심을 속이고 속는 것이라
지금도 곳곳에서 나서리
양의 탈을 쓰고.

격변기

21세기 지구와 인간은
최대 격변기를 맞고 있는 것인가
인간의 희생제물인
소, 돼지, 닭이 구제역과 조류독감에
수만 마리가 폐사 살처분만으로 끝난 것이 아니다

기록적인 혹한으로
전국을 꽁꽁 얼리어 놓고
폭설로 이웃간 오도 가도 못하게 가두어 놓더니
이웃나라엔
지진과 해일로 몇개 도시를 폐허로 만들고
그 여진이 계속 일어나고 있다

흑진주가 가득한
저 먼 이국땅엔 동족상잔의 포성이
지금도 끝이질 않네.

엉뚱한 명상 · 1

동안(童顔)만을 부러워하지 말라
늙지 않는 것이 그리 좋은 것만이 아니니
나이만큼 아파 가듯이
나이 따라 늙어가야지
그렇지 아니하여 보라
훗날에 외톨이 되어 눈물 흘리리라

그대의 주름살은 삶의 흔적
그대의 쇠약함은 자연의 이치
그대의 백발은 아름다움이리니.

엉뚱한 명상 · 2

죽어 천 년보다 살아 하루가 낫지
하루에도 몇 번이고 되새긴다

현재 최선을 다할 때
과거는 아름답고 미래는 풍요롭지
작심 삼일뿐이다

권력과 부귀와 명예를 다 누리도록
조물주는 인간들에게 허락을 않았지

한 시대의 통치자가
또, 기로에 서 있구나.

봄날

혼자 집을 보는데
봄바람이
길을 나서자
살랑살랑 부추기는 걸
꾹 참으며,

우체국인데
고객에게 택배가 도착했으니
주민등록번호가 어떻게 되느냐 묻는
별별 전화만 받다

정작 기다리는 전화는
해가 지도록 아니 오고
백령도 앞 바다에서
천안함이 두 동강나 침몰했다는
비보(悲報)라니!

연평도엔

한 때는 조기잡이로 풍어를 이뤘지
요즘 꽃게잡이로 풍어를 이루는데
북한의 무차별 포격으로
우리의 병사가 목숨을 잃었다
우리의 민간인이 목숨 잃고
우리의 터전이 화염속에 휩싸였다

분하고도 분하도다
슬프고도 슬프도다

도민들은 너나없이 피난길 떠났고
또, 언제 포탄이 떨어질지 모른다
이곳을 지키겠다고
부모님 모시고
이것이 국민의 도리며
오직 살 길이라고,
그 섬에
그 여인이 있다
섬이 키우고 바다가 키운 여인이.

* 여인 : 이기옥씨를 그리며, 당년 51세. 서기 2010년 11월 26일

해안선

지척에 두고
꿈에도 그립던 북녘의 땅, 해안선
얼마나 보고 싶고 걷고 싶기에
동틀무렵 숙소에서 나와
하얀 해안길 따라 걷고 걷다
북한 사병에 쏜 총탄에 맞아
목숨을 잃은 비운의 여인아!
사랑하는 가족은 어쩌라고
꿈꿔 온 그 꿈은 어쩌라고
말없이 떠나간 여인아,
바닷물이 밀려왔다 밀려가는데
새들도 날아왔다 날아가는데
오로지 우리들 분단의 긴 철책선 치고
반만년 찬란한 역사를 지녔거니
지구상에 유일한 단일민족이라
아무리 소리 높여 외쳐본들
아직도, 그 여인은 대답이 없고
그 해안선도 대답이 없구나.

간이역

그곳에 아담한 역이 있다
대합실에는 긴 의자가 놓여있고
누구나 동전을 넣지 않아도
커피를 마실 수 있는 자동기가 놓여있다

수은등 옆에는 빨간 우체통이 있는 역
지금쯤 한들한들 피어있는 코스모스,
두 그루 은행나무도 노랗게 물들어가고 있겠지

누구는 추억을 찾으며
누구는 낭만을 느끼며
누구는 일상생활에서
잠시 머물다 가는 역이 있다.

복사꽃 피는 산골

연분홍 꽃물결을
보고 또 보아도
아, 황홀하여라

복사꽃 그늘 아래 맺은 언약은
세월이 흘러도 변치 않아
전해오는 사연은 많고 많은데

길손이 머물고 싶은 곳이
바로 여기로구나.

4부

석류꽃이 필 때

석류꽃이 필 때

정원에 피어있는 꽃들 중에
유독 석류꽃과 눈 인사를 하고
주일 낮 교회로 갔는데

내 앞, 앞에
석류꽃 빛깔 원피스를 입은
여인이 기도하고 있다.

항상 눈망울에 눈물이 어리어
다정히 다가가서 톡 건드리면
구슬 같은 눈물이 뚝뚝 떨어질 것 같은,
분명 그 여인이

얼굴엔 우수가 서리어
다정히 다가가서 툭 건드리면
속 마음에 담아두었던 사연,
봇물처럼 쏟아져내릴 것 같은
그 여인이 두손을 모아 기도하고 있다.

어떤 이별

그는 걷기도 힘겨워 지팡이를 의지했습니다
그의 말은 어둔하여 알아들을 수 없었습니다
지능지수가 30쯤 될까
후천성 장애라 합니다

주일예배엔 맨 끝 자리에
새벽예배엔 맨 앞 자리에
한 시간 전 나와 기도를 하였습니다

불혹 가까운 나이에
허름한 차림새
천진스런 웃음은 그의 일상 모습이었습니다

'사랑의 집'으로 가게 될 좋은 기회에
굳이 가지 않겠다
종 치는 일을 맡기니
아무 말없이 우리 곁을 떠났습니다.

그 자리

너는 무엇을 보고 왔니?
너는 무슨 소리를 들었지?
가을날 노란 은행잎을 주워 와
책갈피에 꽂아놓는 소녀야

너는 무엇을 느끼고 왔니?
너는 무슨 향내를 맡았지?
해가 동산에 떠올라도
세상 모르고 자는 잠꾸러기 소녀야

하루종일 문 밖을 나서지 않고
너의 작은방에 기척도 없으니.

용서

미웁고 미워서
하루도 잊은 적 없어
세월이 가면 잊혀질까
하지만 꿈에도 잊지 못하지

나의 희망과 꿈을
송두리째 앗아가고
지금쯤 까맣게 잊고 있을 그대여,

돈 잃고
친구 잃고
나의 건강마저 잃는다면
과연 얻는 것이 무엇인가

깃털처럼 가벼워지도록
이 해가 다 가기 전
용서할 수 있다면.

꽃도둑

한 떨기 난타나꽃을
꽃 시장에서 사와
교회 작은 화단에 심었는데
누가 뽑아갔습니다.

며칠 뒤 또 사다
빈 자리를 채웠더니
누가 뽑아갔습니다.

다시 심어야 할지 망설임에
문득 어릴 적
학교 화단에서 한 떨기 백합꽃을 훔쳐
집 뜨락에 심은 생각이 나네요.

겁 없는 아이

걷지도 못하는 아이가
자벌레처럼 기어다니며
스마트폰과 홍얼홍얼 놀고

떠주는 밥만 먹는 아이가
제 앞가림도 못 하면서
텔레비전과 초롱초롱 놀고

낯선 사람에게
낯빛 하나 변하지 않더니
도둑이 들어왔는데
잠만 새근새근 잘 자고.

이웃

집 앞에 가톨릭교회가 있어
미사를 드리는 모습을 보며
성가에 귀 기울일 때도 있습니다
옆에 대흥사에서 들려오는 독경소리가
마음문을 두드릴 때도 있습니다

뒤엔 장로교회
성경말씀과 찬송가에
새벽잠을 설칠지라도 싫지 않습니다
근 거리에 무속인 빛바랜 깃발이 펄럭이고
어느 교단일까,
하늘 높이 치솟은 종탑도 싫지를 않습니다

나누고 베푸는 마음들이 오가며
우리 집 정원에 철 따라 피는 꽃이
"참 아름답다" 하지요.

어느 노사제의 진실

저녁 연기 피어오르는 시골집을
당신은 그리워했고요
어린이가 그려 준 초상화를
당신은 무척이나 아끼었지요

자신을 바보라 여기며
당신은 늘 지내셨고요
선종을 앞두고 이웃에게
당신은 각막까지 주고 떠나셨지요.

소녀와 종이학

핼쓱한 소녀가
휠체어에 앉아
종이학을 정성스레 접고,

한 마리, 두 마리, 세 마리…
종이학은 꿈을 안고
비상할 날을 기다리고,

창 밖엔 눈발이 휘날리는데
앙상한 나목들은
침묵하는데….

동행

필시 모를 일이다
그가 산을 닮아가고 있다는 것을,
그와 두런두런 이야기를 하며
걷다보면 어느새 정상이고
그의 뒤를 무심히 따라오다 보면 하산이다
산에 있는 돌멩이 하나
주워들고 오지 않는 그는
산은 오를 때보다
내려올 때 조심해야 한다는 말
이 밤에 산울림되어 들려온다.

그대가 떠난 후에

나는 사랑이라는 말을 잘 쓰지 않습니다
나는 눈물이라는 말도 잘 쓰지를 않습니다
한 때는 남 못지않게 좋아했지만
그대가 떠날 때
그대와 함께 모두 떠나 보냈습니다

언제부터인가
참이란 진리의 말이
나에게 들어오고
선(善)이란 말이 들어와
삶의 변화가 시작되었습니다.

이제 와 생각하면
그대가 모두를 가져간 것이 아니라
모두를 남겨놓고 가셨습니다.

바깥 세상 · 1

무수한 별이 빛나는 밤에도
눈 비가 내리는 캄캄한 밤에도
이 도시 곳곳 십자가 불빛이 비치고 있다

저 불빛 아래는
탐욕과 거짓이 없고
성냄과 다툼도 없으리라

교만과 무례함이 없고
파벌과 위선도 없으리라

외로움과 설움이 없고
배고픔과 추위도 없으리라

멸시와 천대도 없고
잘나고 못남이 없으리라

빈부의 차별도 없고
근심과 절망이 없으리라

진실과 선함이 있어
화평과 평안이 강같이 흐르는
저 불빛을 향해 달려가고픈데
세상 찌든 삶의 때로 더럽히지 않을까,

악하고 추하며 무지함이
두렵고 설레임을 어찌하나요.

바깥 세상 · 2

미사를 드린 일도 없는데
성당에서 부르는 성가가
천상의 소리로 들려옵니다

벽돌 한 장 봉헌한 바 없는데
문 밖에서 바라뵈는 성당은
편안하고 안전한 성(城)

나는 신부님이나 수녀님과
수인사도 없이 지내지만
오가며 마주치면
반갑게도 고개가 숙여집니다.

은둔자

나의 침실에
대흥사의 종소리 그윽히 들려옵니다.
독경소리가 들린다 하여
어느 깊은 산사에 있는 것이 아닙니다

새들의 지저귐이 아침잠을 깨우고
문 밖에 수목들을 바라본다 하여
시골 뜨락 정경도 아닙니다

나의 방문에 수묵화는
서산에 지는 달이 그리고
문풍지 흔드는 것은 바람일 뿐입니다
잠들기 전 하는 기도
나의 몸부림인지 모릅니다.

5부

봄 구경

봄 구경

꽃이 없는 봄이라면
어쩔 뻔 했나
봄이 없는 바람이라면
어쩔 뻔 했나

따스한 햇살이 온몸을 감싸고
상냥스런 그대를 그리움 속에 두고

봄 길을 걷고 걷다 길을 잃어도
여기도 꽃,
저기도 꽃.

주목 앞에서

천 년을 살고
죽어 천 년을
주목처럼 한 자리에 서 있으라시면
나는 싫습니다.

백 년을 살고
죽어 백 년을
주목처럼 한 자리에 서 있으라셔도
나는 싫습니다.

한 날을 살고
죽어 한 날
그대 머리 위에 떠도는 흰구름이기를
그대 발등 위에 피어나는 풀꽃이기를.

창작

긴 여정을 마치고
처마 끝에서 떨어지는 방울 방울…

이 한밤
내 상상의 언어 되어 꿰어 놓으려니
새벽을 깨우는 닭 울음소리.

골목길

창 밖으로 흘러나오는 아이의 울음소리
들릴 듯 말 듯 두런두런 이야기

앞을 스쳐간 고양이의 섬뜩한 눈빛
문 밖을 서성이던 그 사람

비닐봉투에 담겨 갈 곳을 기다리는 쓰레기
돌부리에 걸려 삐끗한 발목의 아픔

늦은 밤 귀가 길에
주섬주섬 챙겨 온 꾸러미
끌러보지도 못하고 날마다 쌓여만 간다.

봄이여, 어서 오라

전국을 한파로 꽁꽁 얼리어 놓더니
이번엔 동해안을 폭설로
오도가도 못하게 가두어 놓았구나

지난해 말부터 구제역과 조류독감이
전국을 휩쓸고 있어
살처분된 가축 수는 상상을 초월하고
매몰지가 사천여 곳이라
매몰 과정에서 부실로
제 2, 3의 재앙이 이어지면 어찌하나,

들짐승이 모여들고
희귀한 독수리 떼 날아든다니
인간에겐 한계가 있다
봄이여 어서 오라, 어서 오라.

한파 특보

매서운 추위가
온 산야를 꽁꽁 얼리어 놓았다

점령군으로
도시로까지 파고 들어
맹위를 떨치고 있으니
석유보일러가 나서고
가스보일러가 나서고
전기난로가 나서고
연탄보일러까지 나서서
막으려도 한계가 있다

너와 나의 마음이 뜨거워질 수 있다면
우리 모두의 마음이 뜨거워질 수 있다면.

꽃 파는 아가씨

사십이 넘은 저 노총각
번화가 삼거리 포장마차에서
꽃 파는 아가씨한테 사랑을 느끼나 봅니다

퇴근 길 저녁마다
꽃 한다발 사 안고
휘파람 불며 골목길 언덕 오르면
구불구불 골목길 푸른 휘파람 소리로 채워갑니다

웃음이 없던 저 노총각
싱글거리는 것을 보니
꽃 파는 아가씨와 사랑에 빠졌나 봅니다.

봄이 오는 길목

아지랑이 모락모락 피어오르는
저 만치 한가로운 들녘에
나물캐는 삼삼오오 여인들이 정겹다.

찬 바람 끝자락은
가는 길 서두르고
뜨락의 매화나무 가지마다
아기열꽃인 양 돋아나는데
강남 간 제비는
언제쯤 돌아오려나.

거리 풍경

어느 도심지의 번화가
건물의 상가 상호는
거리를 향하여 돌진할 듯 하고
차도와 인도의 경계선에 서서
수난을 당하는 가로수
할 말을 잃었나보다

진열대에 펼쳐져 있는 속옷들
수치스러움을 단념한 듯 하고
소음과 매연을 받아들이는 대기도
할 말을 잃었나보다

사람들에 짓밟히는 거리
숙명인 양 낡아가고 있다.

은행나무길

노랗게 물든 은행잎이
바람에 날려 떨어지니 낙화로다

겨울이 오기 전
아름다운 이별이란 저런 것일까

걷고 또 걸으며
생각하고 생각하여도
도무지 헤아릴 수 없는
천 년의 꿈이 흐르는 거리.

외딴 길

차도 다니지 않는
외딴 길을 걷는다
만나는 사람이 반갑고
보는 꽃마다 아름다워라
서두를 필요도 없이
향긋한 바람을 맞으며
발길 닿는 데까지 걷다
나의 그림자와 같이
빈 손으로 돌아오는 길.

《작품 해설》

깨달음과 실천의 정서적 융합

— 성용섭 시인의 시세계

문학평론가 리 헌 석

(사단법인 문학사랑협의회 이사장)

1. 성용섭 시인은 누구인가?

〈나뭇잎 흔드는 한 짐의 바람〉도 눈여겨 바라보는 성용섭은 자연에 동화되어 자연을 사랑하는 시인이다. 〈남의 일〉이나 〈발자국 소리 하나〉에도 귀를 기울이며 예사로 생각하지 않는 그는 가슴이 따뜻한 시인이다. 〈운 좋게 순간적으로 쓴 작품이나, 몇 년에 걸친 산고 끝에 지은 작품 한 편 한 편〉이 독자들에게 조금이나마 즐거움과 관심을 줄 수 있다면 더 없는 기쁨으로 생각하는 소박한 시인이다.

이런 바탕은 성장기의 농촌생활이 작용한 듯하다. 성용섭 시인은 1948년 8월 9일 충남 당진군 송산면에서 출생한다. 고향에서 학업을 마친 그는 가업(家業)인 농업에 종사하다, 군(軍)에서 제대를 한 이후에, 다시 과수 · 야채 · 축산 등을 생산하며 농장을 경영하던 중, 1980년대에 대전으로 이주하여 도시 서민의 삶을 살아가고 있다.

고향을 떠나 대전에 정착하면서 그는 도시 생활에서 고통스러울 만큼 소외감을 느낀다. 작아지고 외로워지던 그에게 다가온 기독교 신앙과 문학 창작은 구원(救援)의 의미를 띤다. 내면적 고독을 극복하는 기제로 신앙과 문학 창작이 기능하면서, 시 창작에 열정을 쏟아부어, 1999년에 『문학21』의 신인상을 수상하여 등단을 하고, 같은 해 첫 시집 『이 땅에 민들레』를 발간한다.

> 예전 이른 아침에
> 밥 동냥하던 그들은 어디 갔나
> 한바탕 타령으로
> 문간 뜨락을 흔들어 놓던 소리 홍은
> 또 어디로 사라져 갔나
>
> 한 눈먼 부부 걸인만이
> 십자가에 못 박혀 죽은 예수 찬미를
> 입에 단내 나도록 수년째 부른다.
> 고개를 떨구고.
>
> —1시집의 「뿌리」 일부

첫 시집에 수록되어 있는 작품이다. 농촌에서 도시로 이주한 그가 대전의 중앙로 지하상가 입구에 쪼그리고 앉아 있는 걸인을 만난다. 고향에서는 찾아볼 수 없는 풍경이다. 손바닥 만한 플라스틱 바구니에 몇 잎 동전이 담겨 있다. 그 이색적인 광경에서 얻은 정서는 여러 작품에서 산견(散見)되는데, 도시에 스

며들지 못한 이주민의 애환이 아련하게 채색되어 나타난다. 그의 고향 농촌에서는 볼 수도 없던 장미꽃이 이웃집의 담에 피어난 모습도 사랑스럽다. 〈이웃집 담장에/ 붉디붉은 덩굴장미// 틈만 나면 훔쳐보다/ 그 집 처녀와 마주쳤네.// 달아오른 마음/ 노을 노을빛〉 등의 간결한 노래에서 그의 내면을 만난다.

그의 시는 사소한 제재를 통하여, 도시의 생활을 그려내기도 하고, 이는 다시 겨레의 표상으로 비약하기도 한다. 농촌에서 흙길이나 자갈길을 걷던 시인이 도시에 정착하면서 보도블록이 깔린 길을 걷는다. 가난한 사람들이 모여 사는 달동네에도 보도블록이 깔려 있다. 그 보도블록 틈새에서 민들레가 싹이 트고 자라 꽃이 핀다. 그는 민들레에서 〈송두리째 뽑혀 불사르어도/ 그 영혼〉은 아름답고, 그래서 그 꽃은 〈'유관순' 누이처럼 핀다.〉는 경지에 이른다.

성용섭 시인은 자연을 관찰하고 생활에서 소재를 찾아내어 많은 작품을 빚는다. 그리하여 2005년에 두 번째 시집 『기다리는 마음』을 발간한다. 이 작품에서도 그의 작품 경향은 크게 다르지 않다. 도시와 시골의 중간지대에 형성된 정서적 혼재(混在)가 담겨 있다.

시골도 아닌 도심지에
재작년 이맘때 이사온 집

뒷문 밖 웅덩이에 사는
맹꽁이 울음소리로
시 한 편 짓고

집앞 스쳐가는 기적 소리로
한시름 달랜다.

네 가구 살면서
문패 없어도
올 사람들 다 찾아온다.

월장해 간밤에 핀 호박꽃이
내겐 마지막 손님일 듯.

— 2시집의「전셋집」 전문

담 위에 핀 호박꽃이 유일한 손님일 정도로 그는 외롭게 산 듯하다. 그리하여 「겨울 찔레」에서 〈난 저주받은 몸뚱어리〉라고 자학하기도 한다. 〈헐벗은 겨울/ 한 올도 걸치지 못한 채/ 어느 순간 불구덩이 속으로/ 던져질지 모를/ 내 생애도 고행의 길〉로 인식한다. 이는 실재(實在)하는 육신에 대한 것이 아니고, 정신적 고통을 노래하는 것으로 보인다.

성용섭 시인은 시를 창작하면서 한국화 그리기에도 열성이다. 그림과 시의 소재가 상통(相通)하기는 하지만, 그림 창작의 여파로 시 창작은 과작(寡作) 현상을 빚는다. 그리하여 10년 숙성의 과정을 거쳐, 2014년에 세 번째 시집 『찔레꽃』을 발간한다. 긴 숙성 과정의 결과물이어서, 시의 완성도가 높아졌고, 작품의 품격 또한 기대되는 바 크다. 이들 작품을 감상하고 간략하게 정리하고자 한다.

2. 이웃 사랑이 아름답다

성용섭 시인의 3시집 『찔레꽃』은 제목의 향토적 이미지와는 달리, 시의 중심 제재가 뚜렷하고, 표현 또한 매우 정제되어 미려한 감동을 형성한다. 일독하였을 때 중심 이미지가 선명하게 떠오르고, 재독하였을 때 새로운 감동이 생성되어, 독서의 기쁨을 배가(倍加)시킨다.

감동은 미사여구(美辭麗句)로 생성되는 것이 아니다. 독자가 다다를 수 없을 정도의 새로움, 진실, 그리고 희생으로 이루어지는 아름다운 사랑이다. 이렇게 발현된 사랑에서 독자 대부분은 감동의 소용돌이에 빠지게 마련이다. 그 감동은 부챗살처럼 퍼져 나가거나, 고요한 물 위에 작은 돌을 던져 생기는 물결의 동그라미처럼 파문을 일으키며 둥글게 퍼져 나갈 때 훌륭한 작품이 된다. 제재의 크고 작음보다 얼마나 오래 기억될 감동을 생성하느냐가 관건이다.

> 집 앞을 오가는 할머니의 손수레
> 덜덜덜 폐품이 가득 실려 가는 소리
>
> 무슨 사연 있기에
> 자식들과 헤어져
> 사글세 단칸방에 사시는
> 이웃집 할머니
>
> "시간 때를 잘 알아야 한다고요."
> "영역이 제한되어 있다고요."

지금은 밤 아홉 시
달달달 빈 손수레 나가는 소리.

—「손수레」 전문

10행의 단형시에서 독자들은 시인의 관심과 사랑을 만난다. 시인은 손수레 굴러가는 소리를 들으며 짐을 실었는지, 싣지 않았는지 구분할 줄 안다. 1연의 '덜덜덜'과 4연의 '달달달'에서 확인할 수 있다. 그는 할머니의 구체적 사연을 알고 있지는 않지만, 자식들과 헤어져 사글세 단칸방에서 사는 것 정도는 알고 있다.

이와 함께 폐품을 수집하는 할머니와 대화를 나누는 것은 매우 중요한 시사(示唆)라 하겠다. 3연의 대화체는 할머니의 영업 비밀사항인데, 이를 시인에게 밝혔다는 것은 서로 이해하고 신뢰함을 의미한다. 사람들이 고물을 내놓는 시각을 잘 알아야 좋은 물건을 수집할 수 있다. 그들의 영업구역은 시내 전역이 아니다. 자신에게 허용된 구역에서만 수집활동을 할 수 있는 것이다. 이와 같은 구체적 사실을 시로 빚어낼 정도로 이웃에 대한 관심과 사랑이 극진하다.

이러한 관심과 배려, 그리고 무한한 사랑은 작은 새에게로 전이되어 나타나기도 한다.

작은 멧새 한 마리
주인 허락도 없이
조석마다 담장 안으로 들어온다.

정원의 꽃들은 긴장하듯 조용하다.
노란 꽃잎이 지고 알알이 여물어가는
고개 숙인 해바라기에 접근한다.

나의 눈빛에 고개를 갸우뚱
나의 숨결에 위협적인 날갯짓

끝내 포식을 했는지
부리에 묻은 흔적을 지우곤
어디론가 떠난 자리에
몰골이 되어버린 해바라기.

—「무법자」 전문

시인의 정원에는 여러 꽃과 함께 해바라기가 가을을 맞는다. 작은 멧새 한 마리가 정원을 찾아와 해바라기씨를 빼먹는다. 농사를 전업으로 하는 농민이라면, 해바라기씨를 쪼아 먹는 새를 쫓거나 잡으려고 하는 것이 정상일 터이지만, 시인은 그러하지 않는다. 자신의 눈빛에도 새가 놀랄까봐 조심하고, 자신의 숨결에도 새가 달아날까 걱정을 한다. 수시로 찾아와 해바라기 씨를 모두 빼먹어, 해바라기가 앙상한 몰골로 변해도 시인은 새를 보며 행복할 뿐이다.

이러한 정서는 「앵두주」에서도 나타난다. 〈사람들이 오가며 따먹고/ 새가 날아와 쪼아 먹고/ 벌레가 파먹어〉 앵두 수확은 지난해의 절반도 되지 않지만, 시인은 크게 걱정하지 않는다. 이는 현실에서 만나는 고독의 반작용으로 보인다. 그의 고독을 감쇄(減殺)해 주는 객체에게만큼은 한없이 너그러울 수 있기 때문이다.

그의 고독은 「오월의 주일 한낮」에도 잘 나타나 있다. 〈고독이 살며시 다가와/ 내게 속삭이는 걸/ 연초록 잎사귀 사이를 지나는/ 솔바람이 알아챘을까/ 매화나무 가지 끝에 앉은/ 저 멧새가 알아챘을까/ 내가 고독을 살포시 안고/ 속삭이는 것을〉에서 그의 고독을 씻어줄 객체로 바람과 멧새를 등장시킨다. 이렇듯이 무언의 대화를 통하여 자신의 고독을 극복할 수 있는 대상으로서 자연을 선택한다. 이는 다시 자연에 대한 극진한 사랑으로 승화된다.

3. 실천하는 사랑이 가치롭다

성용섭 시인의 예술적 안테나는 실천하는 양심으로 향한다. 이론과 사실의 선후는 판단하는 기준에 따라 다를 수 있지만, 분명한 것은 어떤 상황이 먼저 이루어지고, 그 후에 그 상황을 정리하기 위해 이론이 성립된다. 그렇다면, 우리가 알고 있는 세상의 지식들은 이미 사문화((死文化)일 뿐이다. 우주 만물의 운행을 이론으로 완성한 후에, 그 이론에 따라 우주의 모든 사건이나 활동이 전개되는 것은 아니기 때문이다.

이런 전제에서, 시인 역시 1차적 사물에서 얻어낸 특성을 바탕으로, 자신이 찾아낸 2차적 지향을 작품으로 빚는다. 따라서 1차적 행위가 얼마나 가치로운가를 판단하게 되고, 그 판단에 따라 시 창작의 제재로 선택하거나 버리게 된다. 도시의 소시민이어서였을까, 그는 연민의 정서를 환기시킬 일을 찾아, '실천하는 양심'에 무한한 가치를 부여한다.

척박한 자갈밭을 맨손으로 일궈
저 품격 높은 나무들로 가꾸고
'희망의 정원'이라 이름 지은
백발 성성한 노인이 아들의 휠체어를 민다.

향나무 밑을 지날 때
향나무 냄새가 풍기고
등 굽은 소나무 곁에 서 있으니
등 굽은 소나무 모습이다.

1급 장애인 아들은
나무들을 화폭에 담고
담긴 나무에는
정원사의 사랑과 혼이 어리어 있다.

—「정원사와 화가」 전문

백발이 성성한 노인은 입지전적인 인물이다. 자갈밭을 맨손으로 일구어 훌륭한 정원을 조성하는 일은 누구나 할 수 있는 일이 아니다. 그 노인에게는 일반인들이 모를 아픈 상처가 내재되어 있다. 타고난 장애인이었는지, 사고로 인한 장애인이었는지, 분명하게 밝히지는 않았지만, 그는 장애인 아들의 휠체어를 밀면서 살아간다. 그 모습에서 시인은 향나무의 향기를 탐색하기도 하고, 소나무처럼 품격 있는 삶을 적시(摘示)하기도 한다. 아버지의 희생적 사랑에 의하여 장애인 아들은 아버지의 정원에서 아름다운 그림을 그린다. 자신의 비관적 처지에

좌절할 수도 있었겠지만, 그는 그림에 자신의 아버지의 '사랑과 혼'을 담아낸다. 이런 모습과 상황이 바로 시인이 추구하는 아름다운 가치다.

성용섭 시인이 이러한 가치를 추구하게 된 계기는 사랑하는 '그대'의 부재(不在)와 닿아 있다. 작품 「그대가 떠난 후에」에서 그는 사랑이라는 말, 눈물이라는 말을 잘 쓰지 않는다고 고백한다. 그 원인은 바로 〈그대가 떠날 때/ 그대와 함께 모두〉 떠나보냈기 때문이라고 한다. 그렇지만 〈언제부터인가/ 참이란 진리의 말씀이/ 내게 들어오고/ 선(善)이란 말이 들어와/ 삶의 변화〉가 시작되면서 그는 거듭나게 된다. 그 결과 〈이제와 생각하면/ 그대가 모두를 가져간 것이 아니라/ 모두를 남겨놓고 가셨습니다.〉는 깨달음에 이른다. 이를 바탕으로 희생적 사랑에 무한한 가치를 부여하게 된다.

> 핼쓱한 소녀가
> 휠체어에 앉아
> 종이학을 정성스레 접고,
>
> 한 마리 두 마리 세 마리…
> 종이학은 꿈을 안고
> 비상할 날을 기다리고,
>
> 창밖엔 눈발이 휘날리는데,
> 앙상한 나목들은
> 침묵하는데….
>
> — 「소녀와 종이학」 전문

시인은 아마도 이 소녀의 소원이 이루어지기를 간절하게 기도하였을 터이다. 그러나 작품 속의 바람은 현실적으로 불가능한 일임을 암시한다. 그래서 시인에게는 형언할 수 없는 안타까운 정서가 환기되고, 이런 괴로움으로 절망한다.

그렇지만, 시인은 절망 속에서 빛을 찾아내는 지혜를 발견한다. 그것이 바로 「어느 노사제의 진실」이다. 이 작품은 선종하기 전에 자신의 장기를 기증한 김수환 추기경의 일화를 작품으로 살려낸 것이다. 〈저녁 연기 피어오르는 시골집을/ 당신은 그리워했고요/ 어린이가 그려 준 초상화를/ 당신은 무척이나 아끼었지요.//자신을 바보라 여기며/ 당신은 늘 지내셨고요/ 선종을 앞두고 이웃에게/ 당신은 각막까지 주고 떠나셨지요.〉 이 작품에서 시인은 맑은 영혼을 지닌 사제의 '참 사랑'을 독자들에게 환기시킨다. 말로만, 이론으로만 이웃을 사랑하는 것이 아니라, 실천으로 모범을 모이는 진정한 목자(牧者)에게 감사하는 까닭이다.

성용섭 시인은 이론보다는 실천을 중시하는 시심을 작품에 투영한다. 실천하지 않는 이론은 이미 죽은 상태라는 것을 다시금 확인시킨다. 낱낱의 실천에서 낱낱의 이론이 성립될 수 있으며, 그 귀납적 유추가 세상의 진리로 작용한다. 그리하여 이론과 실천의 경계에서 쉬지 않고, 새롭게 거듭나는 것만이 훌륭한 시인이 지향해야 할 소명이기도 하다.

4. 정서의 형상화가 원숙하다

성용섭 시인의 1990년대 초기 시는 때로 의욕이 앞선 경우도 보였다. 신인들은 가끔, 자신의 시에 인류가 추구해야 할 가치를 담아내어, 단번에 위대한 시인의 반열에 오르려는 경향을 보인다. 간혹 윤리적 제재를 선호하거나, 표현의 멋보다는 지적(知的) 나열에 치중하기도 한다. 물론 이러한 창작 경향에서 벗어나 순수한 시심을 펼치기도 한다.

그의 2000년대 둘째 시집을 발간할 시기에는 어느 정도 예술적 경지를 지향한다. 「옥수수를 따며」에서 사실의 나열보다 간명한 표현을 통하여 시의 정곡에 다다르고 있음이다. 〈깡마른 누이 등에 업혀/ 투정부리던 내 모습〉 〈옥수수 따는 뚝뚝뚝 소리/ 누이의 관절 앓는 소리〉 〈저녁녘 푹푹 삶아 보내드리면/ 빙긋이 피는 꽃잎〉 등은 어느 한 구절 버릴 데가 없다.

이렇게 숙성되던 시적 에스프리는 3시집을 발간하는 2010년대에 이르러 원숙미를 보인다. 전 작품이 고른 수준을 보이는 것도 그러하며, 여러 편에서 보이는 심미적 구조는 겸양하지 않아도 될 경지에 이르렀다.

모닥불을 피우고
밀짚 방석에 누워
깊은 잠에 빠져 있었나 봅니다.

지붕 위의 하얀 박꽃들이
어머니의 모습으로
어리어 오는 줄도 모르고,

뒷산에 소쩍새 울음소리
몹쓸 병에 앓다 간
누이의 목소리
환청처럼 들려오는 줄도 모르고,

별들로 곱게 수놓은 하늘 융단이
메마른 심신을
포근히 덮은 줄도 모르고.

—「여름밤」 전문

4연으로 된 이 작품은 그야말로 절창이다. 가슴을 시리게 할 정도로 차갑지도 않고, 감격의 손사래를 칠 정도로 폭발적이지도 않다. 무릎을 칠 정도의 깨달음을 담은 것도 아니지만, 이 작품은 독자들의 내면에 잔잔한 울림을 생성한다. 첫 연은 평범하다. 여름에 항용 볼 수 있는 광경이거나 스스로 체험할 수 있는 것들이다. 그렇지만, 평범한 제재인 '여름밤'을 통하여 어머니의 모습을 오버랩하여 구현하는 2연, 몹쓸 병으로 먼저 떠난 누이의 환청처럼 울어대는 소쩍새를 연상하는 3연은 가히 절창이다. 그러한 과정을 거쳐 다시금 평온한 서정으로 마무리하는 솜씨는 이제 프로다운 면모임에 틀림없다.

특히 3연에서 보이는 형상화는 「오랑캐꽃」의 누이와 동질적 정서를 환기한다. 오랑캐꽃은 〈어린 나이에/ 하늘나라 별이 된 내 누이〉가 길섶에 앉아서 좋아하던 꽃이라고 노래한다. 결말 부분에서 〈꽃의 여신도/ 네 모습이 어여뻐/ 요렇게 풀섶〉에 숨겨두는 꽃이라고 한다. 그 바탕에서 〈날 보고 어찌하라고/ 지난날을 어찌하라고〉 형상화 한 심정은 시 창작의 원숙경에 이르렀음을 실증한다.

전체적인 구조 역시 단단하다. 이러한 구조는 「입동이 내일 모레인데」에서도 차용되고 있다. 스케치를 하듯이 상황을 객관화하는 작품에서도 특별한 감동을 생성(生成)한다.

길 건너 저 편, 성당에
사제의 방도 불이 꺼졌다

깊은 어둠 속에
모두가 잠겨 버렸다

어둠을 뚫고
나뭇잎 위에, 섬돌 위에
떨어지는 빗방울 소리

내 마음에도 다정스레
떨어지는 빗방울 소리.

—「밤비」 전문

비 내리는 밤은 본질적으로 어둡다. 달빛이나 별빛도 찾아볼 수 없는 암흑의 공간을 환하게 밝히던 '사제의 방'에도 불이 꺼졌다. 그로 인해 온 세상은 모두 어둡다. 이는 실재적 상황을 노래하였다기보다는 신앙인이 바라본 비유적 심상으로 보인다. 이러한 상황에서 시인은 나뭇잎에 내리는 빗소리를 듣는다. 섬돌 위에 떨어지는 빗소리도 듣는다. 이처럼 객관화된 사물과 비의 접합을 노래하던 시인은 마지막으로 자신의 마음에 떨어지는 빗소리를 듣는다. 이 역시 빗소리면서 동시에 내면에서

분출되는 서러운 정서의 비유적 심상이다.

이처럼 청각적 이미지로 형상화한 작품도 뛰어나지만, 묘사를 통한 회화적 이미지로 형상화한 작품도 놀라운 감동을 내재하고 있다. 「비 온 끝의 스케치」에서 시인은 동양화에서 터득한 감각적 재능을 확실하게 펼친다. 〈연둣빛으로 갈아입은 앞산이/ 성큼 다가온다〉는 원경에서 출발하여, 〈하늘 높이 매가 날자〉에서 포커스(초점)를 설정하고, 이를 매개로 하여 〈어미닭 날개 품에 숨어드는/ 노란 병아리들〉로 근경화(近景化)한다. 이는 시인의 가슴에서 〈실버들 늘어진/ 가지 결의 싱그러움〉으로 더 가까워지고, 그 버들가지는 〈조선 여인의 자태〉로 승화한다. 이러한 공간적 질서를 원용하여 단단한 구조를 창작하기도 한다.

5. 성용섭의 시심을 되새기다

성용섭 시인의 작품은 새로운 시집을 발간할 때마다 점차적으로 품격을 높여가고 있다. 짧은 기간에 괄목상대(刮目相對)할 만큼 예술적 성장을 이루고 있다. 그는 시의 경지를 신앙의 수준과 거의 대등하게 인식하고 있으며, 그와 같은 열정의 결과로 태어난 작품이다.

이 시집에 수록된 첫 작품은 신앙의 주체에 대한 경의를 표하는 동시에, 본인의 시 창작에 대한 절대성을 오버랩(중첩)하여 비유적 심상을 발현하고 있다. 〈나의 생명 주신 분도 있으니/ 나의 이름을 지어주실 분은/ 언제쯤 오시려나〉에서 확인된다. 나의 생명을 주신 분은 신앙의 주체일 터이다. 또한 김춘수 시인의 「꽃」에서처럼 그를 시인이라 이름 지어 불러줄 분을 기다리는 바, 그것은 훌륭한 작품 창작의 소박한 바람(素願)일 터이다.

살며시 눈을 감고
그 분의 모습을 떠올려 봅니다.
희미하게 보이는 모습에서도
가슴은 마구 뛰고 설렙니다.

오시는 걸음걸음도 그리어 봅니다.
바람 불면 바람결에 오시려나
잠이 들면 꿈결에 오시려나

오시어 어떻게 부르실까
모습대로 지어 몇 번이나 불러주실까
향기대로 지어 면 번이나 불러주실까
이 생각 저 생각에
또 하루해가 저뭅니다.

—「무명초」 일부

제목 '무명초'는 자신에 대한 겸양의 표현이다. 이름이 없는 풀이 어디 있을까만, 성용섭 시인은 아직 저명한 시인의 반열에 이르지 못한 자신을 낮추어 '무명초'로 비유한다. 겸양하는 것은 과신이나 교만보다 훌륭한 덕목이기는 하지만, 세상의 모든 진리를 간명한 형태로 집약하여 촌철살인(寸鐵殺人)의 경지를 지향하는 시인은 때로 자만(自慢)에 젖는 것도 필요하다.

특별한 경우의 자만(自慢)이 비록 착각에 의한 것일지라도, 그 작품을 감상하면서 감동하는 독자가 있다면, 그것은 절대성을 지니기도 한다. 작품 「착각」에서 그는 자기중심의 정서를 표출한다. 막연한 대상의 누군가가 나를 위해 백화점 선물 코너를 들르는 상상을 하거나, 인터넷으로 나를 찾기 위해 키보드를 두드리는 상상에 젖는다. 또한 그 누군가의 핸드폰이 울릴 때마다 나의 발신일까 확인하는 상상을 하거나, 눈 내리는 밤에 창가에 앉아 내 생각에 젖어 있을 것으로 상상한다. 비록 이러한 상상이 착각에 의한 것일지라도, 상상하는 동안에는 행복할 수 있을 것이다.

그러나 그는 상상 속에서 벗어나고자 한다. 보편적 가치를 지향하기보다는 자신에 맞는 구체적 심상을 추구한다.

천 년을 살고
죽어 천 년을
주목처럼 한 자리에 서 있으라시면
나는 싫습니다.

백 년을 살고
죽어 백 년을
주목처럼 한 자리에 서 있으라셔도
나는 싫습니다.

한 날을 살고
죽어 한 날
그대 머리 위에 떠도는 흰구름이기를,
그대 발등 위에 피어나는 풀꽃이기를.

—「주목 앞에서」 전문

생명이 있는 사물은 대부분 오래 살기에 집착한다. 그러나 시인은 가치 없는 '천년'이나 '백년'보다 정말 가치 있는 '한 날'을 선택한다. 어찌 보면 어리석은 선택일 수도 있겠지만, 그럼에도 불구하고 '남이 가지 않은 길'을 걸을 수 있기 때문에 시인이 '시인다울 수 있는 것'이다.

시인의 선택적 사고(思考)는 그가 노래할 새로운 감동의 근원으로 작용한다. 「말의 씨앗」에서 시인은 〈말에도 뼈가 있고/ 싹이 나는데요.〉라는 잠언(箴言)을 찾아낸다. 세상에서 가장 가치 있는 것으로 인식하고 있는 과학적 사실, 혹은 사회적 현상 앞에서 자신과는 상관이 없다며 회피하는 사람들을 향한 일갈(一喝)이기도 하다. 이러한 형상화는 겨레의 아픔으로 승화되기도 하고, 때로는 인류애에 호소하는 감격적 노래가 되기도 한다. 그런 면에서 성용섭 시인의 작품 창작에 거는 기대가 자못 클 수밖에 없다.

찔레꽃

성용섭 시집

발 행 일 | 2014년 2월 25일
지 은 이 | 성용섭
발 행 인 | 李憲錫
발 행 처 | 오늘의문학사
출판등록 | 제55호(1993년 6월 23일)
주 소 | 대전광역시 동구 삼성1동 125-6 한밭오피스텔 401호
전화번호 | (042)624-2980
팩시밀리 | (042)628-2983
홈페이지 | http://www.lito77.co.kr(홈페이지)
전자우편 | hs2980@hanmail.net

공 급 처 | 한국출판협동조합
주문전화 | (070)7119-1741~2
팩시밀리 | (031)944-8234~6

ISBN 978-89-5669-598-3
값 8,000원

* 이 책은 전자책(교보문고)으로도 제작되었습니다.
* 잘못된 책은 바꾸어 드립니다.